# Rookie
## Español
## Geografía

# Florida

## por Carmen Bredeson

**Consultores**
Nanci Vargus, Ed.D.
Maestra primaria
Escuelas de Decatur, Indianápolis, Indiana

**Traductora**
Eida DelRisco

Children's Press®
Una división de Scholastic Inc.
Nueva York   Toronto   Londres   Auckland   Sydney
Ciudad de México   Nueva Delhi   Hong Kong
Danbury, Connecticut

Diseño: Herman Adler Design
Investigadora de fotografías: Caroline Anderson
La foto de la cubierta muestra una playa de la Florida.

**Información de Publicación de la Biblioteca del Congreso de los EE.UU.**

Bredeson, Carmen.
  [Florida. Spanish]
  Florida / Carmen Bredeson.
     p. cm. — (Rookie español geografía)
  Incluye un índice.
  ISBN 0-516-25108-2 (lib. bdg.)     0-516-25514-2 (pbk.)
  1. Florida— Literatura juvenil. 2. Florida— Geografía—Literatura juvenil.
  I. Title. II. Series.
  F311.3.B7413 2004
  975.9—dc22

                                    2004004998

# ¿Sabes por qué a la Florida se le llama Estado del Sol?

CANADÁ

WASHINGTON

OREGON

IDAHO

MONTANA

DAKOTA DEL NORTE

MINNESOTA

NUEVA HAMPSHIRE

VERMONT

MAINE

WYOMING

DAKOTA DEL SUR

WISCONSIN

MICHIGAN

NUEVA YORK

MASSACHUSETTS

RHODE ISLAND

NEVADA

UTAH

NEBRASKA

IOWA

OHIO

PENSILVANIA

CONNECTICUT

NUEVA JERSEY

COLORADO

KANSAS

ILLINOIS

INDIANA

WEST VIRGINIA

DELAWARE

MARYLAND

CALIFORNIA

MISSOURI

KENTUCKY

VIRGINIA

Washington, D.C.

ARIZONA

NUEVO MÉXICO

OKLAHOMA

ARKANSAS

TENNESSEE

CAROLINA DEL NORTE

TEXAS

MISSISSIPPI

ALABAMA

GEORGIA

CAROLINA DEL SUR

LOUISIANA

FLORIDA

Norte

Oeste

Este

Sur

MÉXICO

ALASKA

CANADÁ

HAWAI

4

El clima allí es cálido
y soleado.

La Florida se encuentra
en el sureste de Estados
Unidos. ¿Puedes señalarla
en este mapa?

La Florida es una península.
Está conectada a Estados
Unidos por un solo lado.
El resto del estado está
rodeado de agua. El océano
Atlántico está por el este.
El golfo de México está
por el oeste.

ALABAMA

GEORGIA

OCÉANO
ATLÁNTICO

F L O R I D A

GOLFO  DE
MÉXICO

Norte
Oeste    Este
Sur

Cayos de la Florida

En la Florida hay playas con arena. La costa está llena de conchas marinas que han sido arrastradas por las olas. Los delfines nadan en el agua tibia.

# La Florida tiene muchos bosques.

Aquí viven zorros grises,
pájaros, ciervos y linces.
El ruiseñor es un símbolo
del estado. Construye su
nido en los árboles altos.

La ciénaga más grande de
la Florida está en el Parque
Nacional de Everglades. Una
ciénaga es un área donde el
terreno es húmedo y esponjoso.

Muchos cocodrilos y serpientes viven en esta inmensa ciénaga.

En las áreas cenagosas de la
Florida crecen los mangles.
Estos árboles tienen raíces que
crecen por encima de la tierra.

Las cucharetas construyen
sus nidos en estos árboles.

En la Florida hay miles de lagos. El más grande es el lago Okeechobee que se encuentra en el sur de la Florida.

Los cayos de la Florida se ubican al sur de la costa sur de la Florida. Muchas personas visitan estas cálidas islas. El arrecife de coral que recorre los cayos de la Florida es un parque estatal bajo el agua.

La gente que vive en la Florida trabaja en parques nacionales, hoteles y parques temáticos como el Walt Disney World.

Mucha gente vive en ciudades junto a la costa. Miami es una gran ciudad ubicada en la punta sur de la Florida.

En las partes rurales de la
Florida viven ganaderos
y granjeros. Los ganaderos
crían vacas y cerdos.

Los granjeros siembran caña de azúcar, naranjas y otros cultivos.

Tallahassee es la capital de la Florida. Es allí donde el gobierno del estado hace las leyes. En Tallahassee, se puede visitar la Mansión del Gobernador.

¿Cuál es tu lugar favorito
de la Florida?

# Palabras que sabes

playa

arrecife de coral

Florida

lago Okeechobee

30

mangles

Miami

caña de azúcar

ciénaga

# Índice

## Acerca de la autora

Carmen Bredeson ha escrito docenas de libros informativos para niños. Vive en Texas y disfruta viajar y hacer investigaciones para sus libros.

## Créditos de las fotografías

Fotografías © 2004: Corbis Images: 16, 30 abajo a la derecha (Kevin Fleming), 14, 31 arriba a la izquierda (Galen Rowell); H. Armstrong Roberts, Inc.: 3, 23, 31 arriba a la derecha (R. Benson), 12, 31 abajo a la derecha (W. Bertsch), 27 (M. Landre), 10, 25, 31 abajo a la izquierda (W. Metzen); Photo Researchers, NY: 13 (David N. Davis), 8, 30 arriba a la izquierda (Jeff Greenberg); Superstock, Inc.: 20; The Image Bank/Getty Images: tapa; Visuals Unlimited: 28 (Jeff Greenberg), 11 (R. Lindholm), 15 (A. Morris), 19, 30 arriba a la derecha (Rick Poley), 24 (William J. Weber).

Mapas de Bob Italiano